金《きん》言《げん》ねこあつめ

その参

つきみゆい
Tsukimi Yui

監修：Hit-Point

金言ねこあつめ

目次

結果は行為の証である。
オウィディウス

オウィディウス

Publius Ovidius Naso

プブリウス・オウィディウス・ナソ

前43–17　古代ローマ

詩人。
ギリシャ・ローマ神話のうち、神たちが
変身する話を集めた『変身物語』が代表作。

存在しうる
すべては
存在する。

ビュフォン

ビュフォン

Georges-Louis Leclerc, Comte de Buffon

ジョルジュ＝ルイ・ルクレール・ド・ビュフォン

1707-1788　フランス

博物学者。
数学や植物学をはじめ、
幅広い分野の科学の発展に寄与した。

誰かと静かに
過ごす時はすばらしい。

トゥホルスキー

トゥホルスキー

Kurt Tucholsky

クルト・トゥホルスキー

1890–1935 ドイツ

作家にして記者。
ドイツ生まれのユダヤ人で、
ナチスを批判した。

愚者は賢者よりも多い。

シャンフォール

シャンフォール

Sébastien Roch Nicolas Chamfort

セバスチャン・ロシュ・ニコラ・シャンフォール

1741頃-1794 フランス

著述家。

美貌と才気でもてはやされるも、

フランス革命時に口が災いして没落。

何事にも
驚くべからず。

ホラティウス

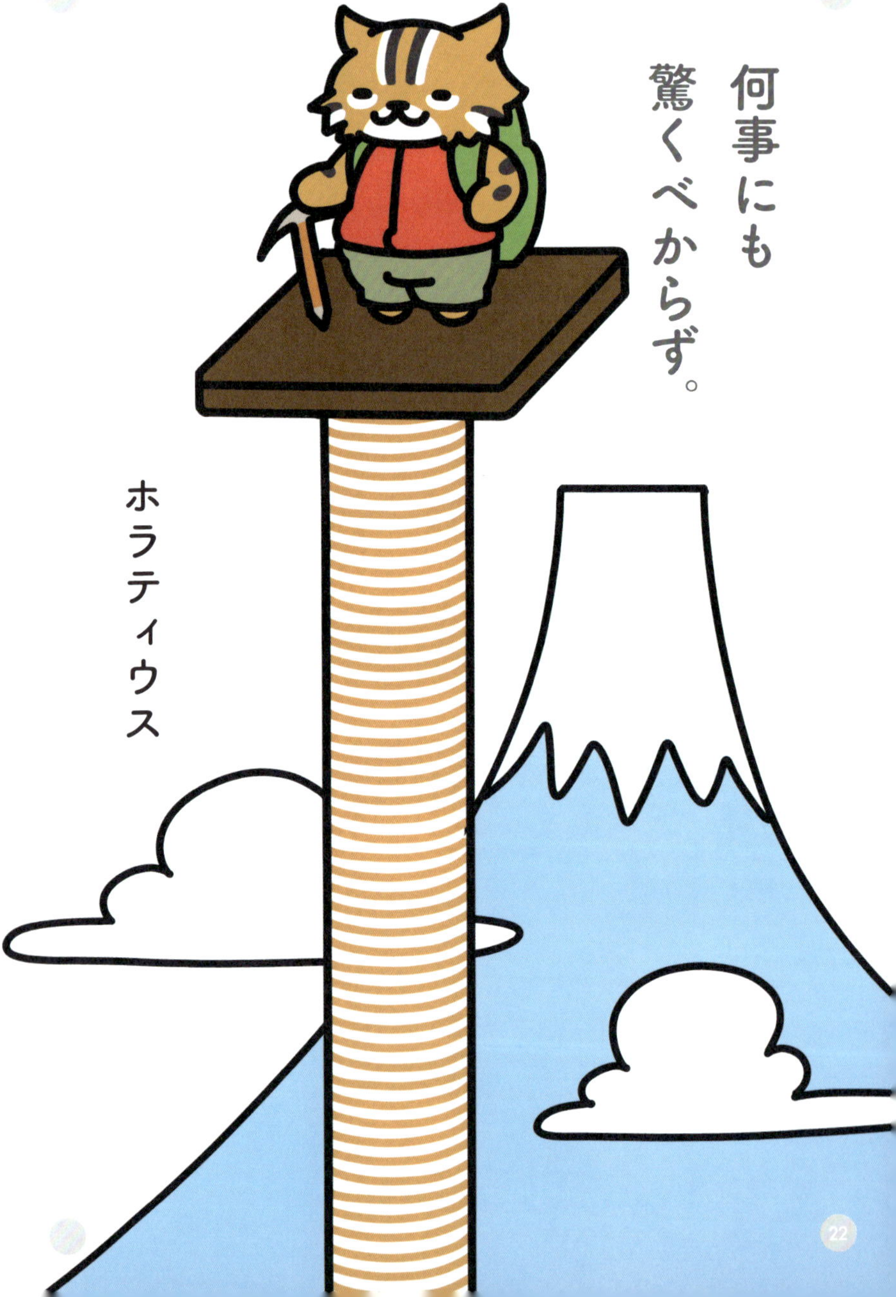

ホラティウス

Quintus Horatius Flaccus

クイントゥス・ホラティウス・フラックス

前65–前8　古代ローマ

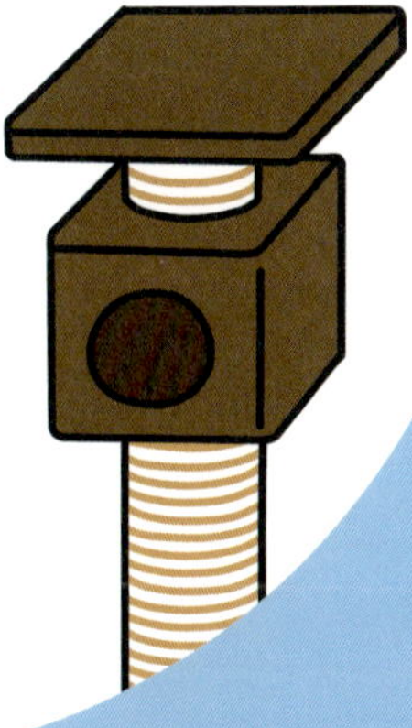

詩人。
軍人を経験した後に公務員になり、
詩を副業として収入を得ていた。

良き人と
自負する者は、
単に気弱な
だけである。

エーブナー＝エッシェンバッハ

エーブナー＝エッシェンバッハ

Marie von Ebner- Eschenbach

マリー・フォン・エーブナー =エッシェンバッハ

1830–1916 オーストリア

作家。

女性で初めて、ウィーン大学の

名誉博士号を授与された。

秘密ほど
重たいものは
ない。

ラ・フォンテーヌ

ラ・フォンテーヌ

Jean de La Fontaine

ジャン・ド・ラ・フォンテーヌ

1621-1695　フランス

詩人。

巧みな寓話を著し、「すべての道は
ローマに通ず。」など、数多くの名言を残す。

金銭が増えるほど
金銭への愛も
増える。

ユウェナリス

ユウェナリス

Decimus Junius Juvenalis

デキムス・ユニウス・ユウェナリス

55頃–130頃　古代ローマ

詩人。

軍司令官としても各地で活躍。

モラルに基づいた社会風刺が得意。

手紙を書くのは
相手のためであって、
自分のためではない。

ラクロ

ラクロ

Pierre Ambroise François Choderlos de Laclos

ピエール・アンブロワーズ・フランソワ・ショデルロ・ド・ラクロ

1741-1803　フランス

小説家にして軍人。

長らく軍に勤め、将軍にまで出世した。

代表作は『危険な関係』。

あなたの方が、
ずっとそれを
必要としている。

シドニー

シドニー

Sir Philip Sidney

サー・フィリップ・シドニー

1554-1586 イギリス

詩人。

フランスとの縁組みに反対し、

エリザベス１世の怒りを買った。

愛は
移ろいゆくものである。

プロペルティウス

プロペルティウス

Sextus Propertius

セクストゥス・プロペルティウス

前48頃–前15頃　古代ローマ

詩人。
イタリアのアッシジ生まれで、
ローマで詩人になる。恋の詩が多い。

かつてあった
すべては
すでにない。

ミュッセ

ミュッセ

Louis Charles Alfred de Musset

ルイ・シャルル・アルフレッド・ド・ミュッセ

1810–1857 フランス

詩人にして劇作家。

戯曲デビューは大失敗。

小説家ジョルジュ・サンドと熱烈な恋をした。

色を信用するな。

ウェルギリウス

ウェルギリウス

Publius Vergilius Maro

プブリウス・ウェルギリウス・マロ

前70–前19　古代ローマ

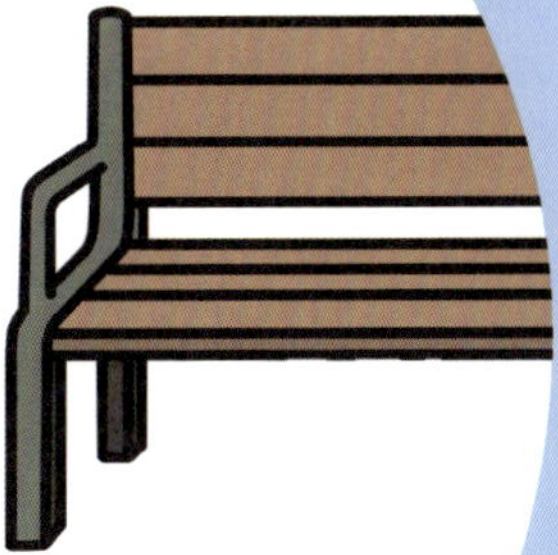

詩人。

農家生まれのはずだが、

中世には魔術師だったという俗説が流れた。

危機あるところには
救いも育つ。

ヘルダーリン

ヘルダーリン

Johann Christian Friedrich Hölderlin

ヨハン・クリスティアン・フリードリヒ・ヘルダーリン

1770-1843 ドイツ

詩人。

神学生だったが牧師にならず家庭教師に。

病のため後半生は塔にこもった。

気まぐれに
結びついた関係は
気まぐれに
ほどける。

シラー

シラー

Johann Christoph Friedrich von Schiller

ヨハン・クリストフ・フリードリヒ・フォン・シラー

1759-1805 ドイツ

歴史家にして劇作家にして詩人。
若い頃は軍医だったが、
晩年は大学教授になった。

運命は、強い者の味方をする。

テレンティウス

テレンティウス

Publius Terentius Afer

プブリウス・テレンティウス・アフェル

前190頃−前159　古代ローマ

詩人にして劇作家。

喜劇に才能を発揮した。6編の戯曲が伝えられ、

宗教家ルターにも影響を及ぼした。

難しいのは
上がることではなく、
上がりながらも
おのれを保つことである。

ミシュレ

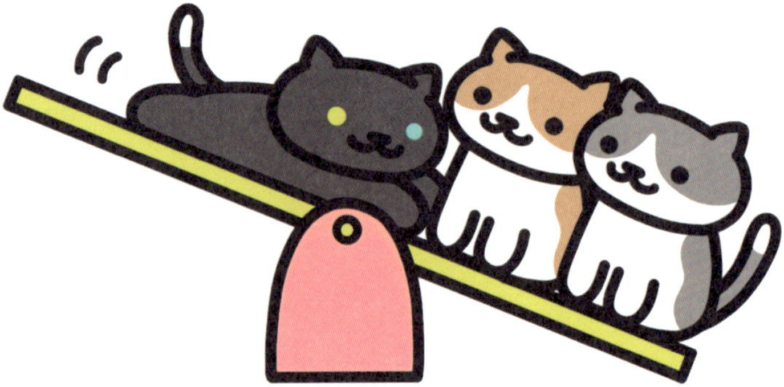

ミシュレ

Jules Michelet

ジュール・ミシュレ

1798–1874 フランス

歴史学者。

晩年はナポレオン3世への忠誠の誓いを拒否して隠遁。

歴史書のほか自然エッセイも書いた。

あまたの勝利よりも
尊い敗北がある。

エリオット

エリオット

George Eliot

ジョージ・エリオット

1819–1880　イギリス

小説家。

本名メアリ・アン・エヴァンズ。

作家のジョージ・ヘンリー・ルイスと長年暮らした。

耐えよ、
持ちこたえよ。

カトゥルス

カトゥルス

Gaius Valerius Catullus

ガイウス・ウァレリウス・カトゥルス

前84頃–前54頃　古代ローマ

詩人。

短い詩を好んだ。多くの恋愛詩を

捧げた「レスビア」の正体は、よその奥様だとか。

雨など
降らせておけばいい。

ロングフェロー

ロングフェロー

Henry Wadsworth Longfellow

ヘンリー・ウォッズワース・ロングフェロー

1807-1882 アメリカ

詩人。

14歳で大学に入学した神童。

卒業後は大学教授を務め、退任後は執筆に専念した。

不幸こそ
万人共通の科学である。

ヴィニー

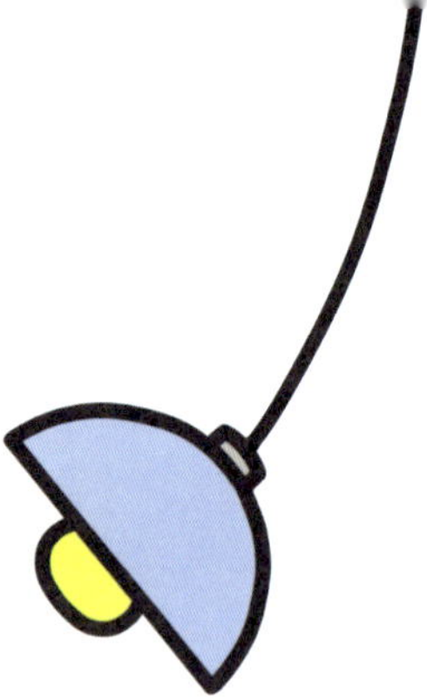

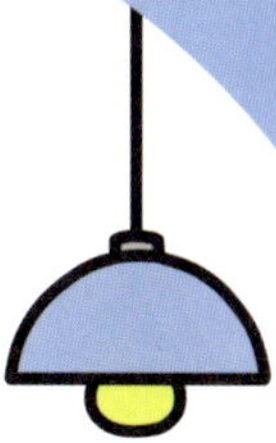

ヴィニー

Alfred Victor, Comte de Vigny

アルフレッド・ヴィクトール・ド・ヴィニー

1797–1863 フランス

作家。

貴族の末裔。詩作から始め、小説、戯曲も書いた。

奥様はイギリス人。

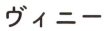

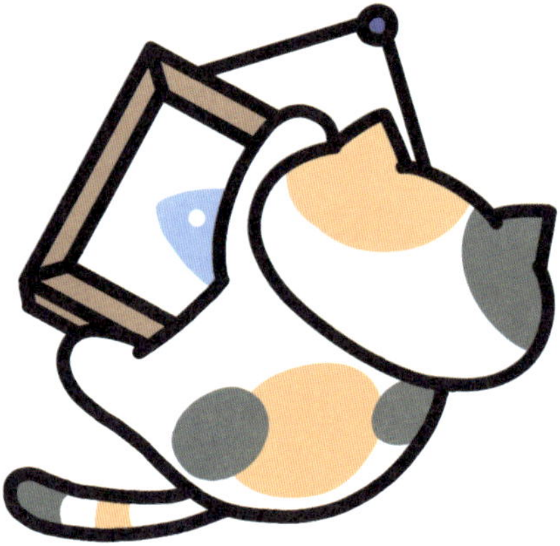

すべてのものは
つくられた
ものである。

ブラウン

ブラウン

Sir Thomas Browne

サー・トマス・ブラウン

1605–1682 イギリス

作家。

アイルランド・フランス・イタリアを旅した。

奥様との肖像画で知られる。

やったことは
元には戻らない。

シェイクスピア

シェイクスピア

William Shakespeare

ウィリアム・シェイクスピア

1564-1616 イギリス

劇作家にして詩人。
屋外前提の戯曲でも、屋内での
上演まで計算して書いたという天才。

金言ねこあつめ

2017年2月28日 第1刷発行

著者

つきみゆい

監修

Hit-Point

発行人

石原正康

発行元

株式会社 幻冬舎コミックス

〒151-0051　東京都渋谷区千駄ヶ谷4-9-7

電話　03(5411)6431(編集)

発売元

株式会社 幻冬舎

〒151-0051　東京都渋谷区千駄ヶ谷4-9-7

電話　03(5411)6222(営業)

振替00120-8-767643

デザイン

HandClap

印刷・製本所

大日本印刷株式会社

参考文献・Webサイト

外山滋比古 、新井明、岡本靖正(編集)「英語名句事典」

(1984年／大修館書店)

田辺保(編)「フランス名句辞典」

(1991年／大修館書店)

池内紀、恒川隆男 、檜山哲彦(編集)「ドイツ名句事典」

(1996年／大修館書店)

金子雄司、富山太佳夫(編集主幹)「岩波＝ケンブリッジ世界人名辞典」

(1997年／岩波書店)

野津寛(編著)「ラテン語名句小辞典」

(2010年／研究社)

山下太郎「ローマ人の名言88」

(2012年／牧野出版)

山下太郎「山下太郎のラテン語入門」

http://www.kitashirakawa.jp/taro/

ほか

幻冬舎コミックスホームページ

http://www.gentosha-comics.net

ISBN978-4-344-83926-7 C0076

Printed in Japan